Paul Hindemith
1895 – 1963

Sonate

für Bratsche allein
for Solo Viola

opus 31/4

nach / based on
Paul Hindemith
Sämtliche Werke V, 5
Complete Works V, 5

Herausgegeben von / Edited by
Hermann Danuser

ED 8278
ISMN 979-0-001-08440-6

www.schott-music.com

Mainz · London · Berlin · Madrid · New York · Paris · Prague · Tokyo · Toronto
© 1992 SCHOTT MUSIC GmbH & Co. KG, Mainz · Printed in Germany

Vorwort

Laut Hindemiths Eintragung im Werkverzeichnis komponierte er seine dritte Bratschensolosonate im August 1923 in Donaueschingen, wohl weniger um die weithin erfolgreich vorgetragene Sonate op. 25 Nr. 1 zu „ersetzen", wie es in deren Fall mit der ersten Sonate op. 11 Nr. 5 geschehen war, als vielmehr um sein Repertoire als konzertierender Künstler zu erweitern. Da keine Skizzen zu diesem Werk bekannt sind und auch das Autograph, das sich (laut Eintragung im Werkverzeichnis) im Besitz des Widmungsträgers, des Donaueschinger Kollegen und Freundes Heinrich Burkard, befunden hatte, als verschollen gelten muß, bleiben die näheren Umstände seiner Entstehung im dunkeln. Stilistisch knüpft Hindemith in diesem dreisätzigen Werk an die vorangehenden Sonaten op. 25 Nr. 1 und op. 11 Nr. 5 an, indem der *äußerst lebhafte* Kopfsatz in motorischer *Bewegungskontinuität* verläuft und der Schlußsatz als ein großer, gleichfalls virtuoser Variationensatz über ein elftaktiges Thema (nach Art eines Passacaglia-Finales) gestaltet ist, während der Mittelsatz ein instrumentales „Lied" darstellt und damit als frühes Beispiel in den Zusammenhang jener lyrischen Gattung gehört, die über Hindemiths Vokalschaffen hinaus auch für sein späteres Instrumentalwerk größte Bedeutung erlangte. Wie die Solosonaten von op. 11 und op. 25 ist auch dieses Werk in einen kammermusikalischen Opuszusammenhang eingebettet, insofern Hindemith ihm die *Kanonische Sonatine für zwei Flöten* (1923 im Anschluß daran komponiert) und die beiden Soloviolinsonaten (1924 komponiert) zur Seite stellte, wobei sich die Numerierung mehrfach verschoben hat: Zunächst weist die Solobratschensonate, als das erstkomponierte Werk, keine zusätzliche Nummer zur Opuszahl 31 auf (Uraufführungsprogramm und Titelblatt der Quelle B); im Werkverzeichnis ist es dann als op. 31 mit einer Zusatznumerierung aufgeführt, und zwar zunächst *I*, das dann aber später durchgestrichen und durch *4* (entsprechend der Publikations-Chronologie) ersetzt wurde; im Programm des Basler Konzertes vom 10. März 1928 (s. weiter unten) ist dann, nachdem die beiden (zuletzt entstandenen) Violinsonaten im Jahre 1924 als op. 31 Nr. 1 und 2 erschienen waren, die Bratschensonate mit der Zusatznumerierung *III* verzeichnet; erst nach der Publikation der Flötensonatine als op. 31 Nr. 3 erhält dann im Werkverzeichnis (und in der Gesamtausgabe) die Bratschensonate die Bezeichnung op. 31 Nr. 4.

Die Uraufführung der Sonate durch Hindemith fand am 18. Mai 1924 in Donaueschingen statt, im Rahmen einer Sonntagsmatinee der dortigen Gesellschaft der Musikfreunde (der am Nachmittag desselben Tags ein Konzert mit Hindemiths Streichquartett op. 32 und einer Uraufführung von Philipp Jarnachs *3 Klavierstücke* op. 17 folgte). Über die Aufnahme des Werkes beim Publikum ist nichts bekannt, es steht jedoch fest, daß Hindemith die neue Sonate nur selten spielte; die Aufführungsliste verzeichnet insgesamt bloß 5 Auftritte mit diesem Werk. Wohl zum letzten Mal spielte es Hindemith am 10. März 1928 in Basel, in einem Konzert des Basler Kammerorchesters unter Leitung des jungen Paul Sacher, auf dessen Programm von ihm außerdem noch die *Fünf Stücke für Streichorchester* op. 44/IV sowie die *Spielmusik* op. 34/I (mit Hindemith als Solobratschist) standen. Bei der Aufführung dieser Werke handelte es sich wahrscheinlich um Schweizer –, mit Sicherheit um Basler Erstaufführungen. In einem undatierten, aber kurz nach diesem Konzert geschriebenen Brief[1] geht Hindemith auf die Veranstaltung ein und begründet seine Zurücknahme dieses Werkes (das denn auch zu Lebzeiten nicht gedruckt wurde): *In Basel war gleich eine Probe, dann habe ich mich ein wenig schlafen gelegt und dann geübt. Abends habe ich nicht gerade erstklassig gespielt, es war aber immerhin noch anständig und für Schweizer Verhältnisse war man sehr begeistert. Nachher sass der ganze Orchesterrummel noch eine Weile beisammen, ich bin dann bald heim, ich war sehr müde. Die Bratschensonate [op. 31 Nr. 4] ist nicht so gut wie die andere [op. 25 Nr. 1] und viel zu schwer, man kann sie nur gut spielen, wenn man abnorm viel Lust hat und das kann man auf dem Podium nicht immer haben. Ich werde sie nicht mehr spielen sondern mir bei Gelegenheit mal eine neue anfertigen. Jedenfalls will ich in den nächsten Tagen etwas vorsichtiger sein und den Windsperger ordentlich üben; wenn der auch nicht sehr gut geht, kriege ich vielleicht Angst und spiele dann immer schlechter.* Indessen sollten noch neun volle Jahre verstreichen, bis Hindemith

seine hier geäußerte Absicht, eine weitere Bratschensonate zu komponieren, in die Tat umsetzte.

Die vorliegende Erstausgabe der Solosonate 31/4 ist identisch mit dem Notentext der Hindemith-Gesamtausgabe. Im Anhang geben wir als Faksimile eine Abschrift der Sonate wieder, die der Widmungsträger Heinrich Burkard (1888 – 1950) angefertigt hat, Hindemiths Freund und Mitorganisator der Donaueschinger *Kammermusik-Aufführungen zur Förderung Zeitgenössischer Tonkunst* in den Jahren 1921 – 1926. Die Abschrift enthält eigenhändige Fingersätze, Strichbezeichnungen und sonstige Eintragungen Hindemiths, die für die Interpretation des Werkes aufschlußreich sind.

1) Im Hindemith-Institut, Frankfurt

Preface

According to Hindemith's entry in the *Werkverzeichnis* (Catalogue of Works), he composed his Third Sonata for Solo Viola in August 1923 in Donaueschingen, probably to extend his repertoire as a performing artist, rather than to 'replace' the thus far successfully performed Sonata Op. 25, No. 1, which is what happened to the first Sonata Op. 11, No. 5. As there are no sketches of this work that we know of, and also the original manuscript – which (according to the catalogue entry) was in the possession of the person to whom it was dedicated, Donaueschingen colleague and friend Heinrich Burkard – is presumed to be missing, the immediate circumstances of its composition remain unknown. Stylistically, this three-movement work is related to the preceding sonatas Op. 25, No. 1 and Op. 11, No. 5, in that the *extremely lively* first movement has a motoric *continuity* of movement and the final movement takes the form of a large, similarly

virtuoso, variation movement over an eleven-bar theme (in the style of a passacaglia finale), while the middle movement represents an instrumental 'song' and is thus an early example of that lyrical genre which attained great significance not only for Hindemith's vocal output but also for his later instrumental works. Like the solo sonatas of opus 11 and opus 25, this work is set within the context of an opus of chamber works, in that Hindemith grouped it with the *Kanonische Sonatine for two flutes* (composed immediately afterwards in 1923) and the two solo violin sonatas (composed in 1924), which resulted in the numbering being changed several times: first of all, the Sonata for Solo Viola, being the first work composed, has no number in addition to the opus number 31 (programme of the first performance and title page of source B); in the catalogue it is given an additional number, first I, which is then crossed out and replaced with 4 (in accordance with the order of publication); in the programme of the Basic concert of 10 March 1928 (see below) the Viola Sonata is then given the additional number III) – following the publication of the two violin sonatas in 1924 as Op. 31, Nos. 1 and 2; only after publication of the *Sonatine* for two flutes as Op. 31 No. 3, was the Viola Sonata given the number Op. 31, No. 4 in the catalogue (and in the complete edition).

The first performance of the Sonata, by Hindemith, took place on 18 May 1924 in Donaueschingen during a Sunday matinée performance given by the *Gesellschaft der Musikfreunde* (which was followed, in the afternoon of the same day, by a concert including Hindemith's String Quartet Op. 32 and a first performance of Philipp Jarnach's *3 Klavierstücke* Op. 17). We do not know how the work was received by the audience, but it is certain that Hindemith rarely played the new sonata; this work appears only five times in the list of performances, it was played by Hindemith probably for the last time on 10 March 1928 in Basle, at a concert given by the Basle Chamber Orchestra, led by the young Paul Sacher, whose programme also included the *Fünf Stücke für Streichorchester* Op. 44/IV as well as the *Spielmusik* Op. 43/I (with Hindemith as solo violist). This was probably the first performance of these works in Switzerland, certainly in Basle. In a letter (undated)[1] written shortly after this concert, Hindemith talks about the event and justifies his withdrawal of the work (which moreover was not published in his lifetime): *In Basle there was a rehearsal straight away, then I had a little sleep, then practised. In the evening I did not exactly give a first-class performance, but it was nevertheless respectable and, by Swiss standards, the reception was very good. Afterwards the whole orchestra crowd sat around for a while together. I left quite early, I was very tired. The Viola Sonata [Op. 31, No. 4] is not as good as the other [Op. 5, No. I] and is much too difficult. You can only play it well if you are really in the mood and that is not always easy when you are on the platform. I will not play it any more but will write a new one some time, in any case I will be a bit more careful in the next few days and practise the Windsperger properly; if that does not go well either I may get nervous and play increasingly badly.*

It was to be nine whole years, however, before Hindemith transformed the intention expressed here into action and composed another viola sonata.

The present first edition of the Solo Sonata Op. 31/4 is identical to the musical text of the Hindemith Gesamtausgabe (complete works). In the appendix we reproduce a facsimile of a copy of the sonata made by the person to whom it was dedicated, Heinrich Burkard (1888 – 1950), Hindemith's friend and fellow organizer of the Donaueschingen chamber music performances for the promotion of contemporary music in the years 1921 – 1926. The copy contains fingerings, bowings and other markings in Hindemith's own hand which are revealing for interpreters of the work.

Hermann Danuser
(translated by Wendy Lampa)

1) In the Hindemith-Institute, Frankfurt

für Heinrich Burkard

Sonate für Bratsche allein

(1923)

Paul Hindemith
opus 31/4

I.

Äußerst lebhaft

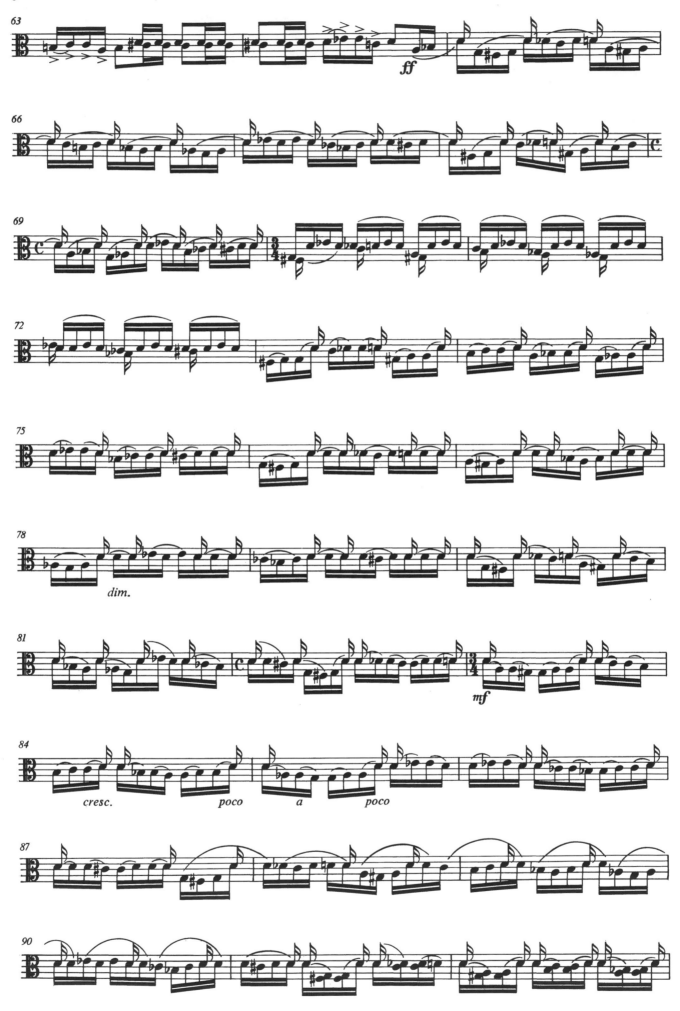

II. Lied.

Ruhig, mit wenig Ausdruck. Langsame Viertel.

III. Thema mit Variationen.

Schnelle Viertel (ma maestoso)

Anhang/Appendices

Faksimiles: *Sonate für Bratsche allein* op. 31 Nr. 4,
Abschrift Heinrich Burkard mit Eintragungen Hindemiths.

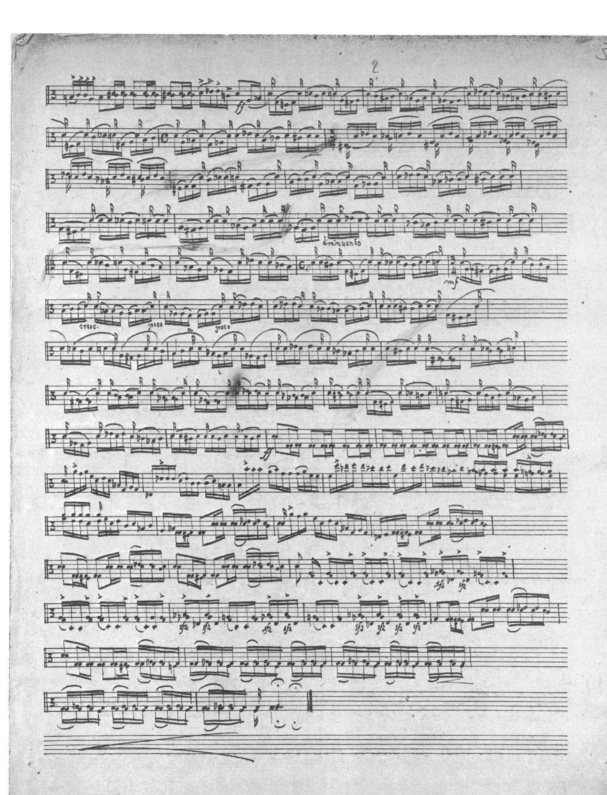

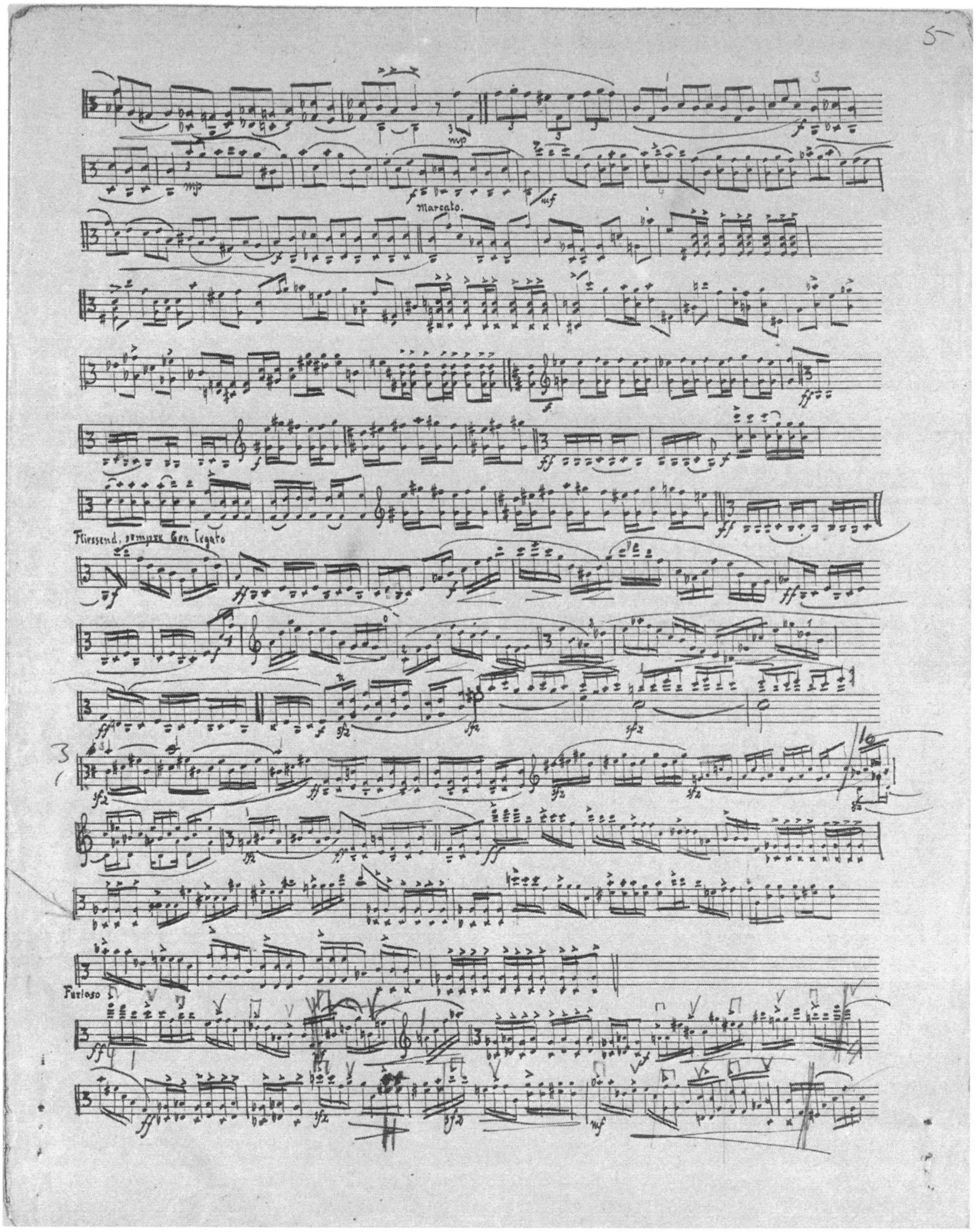
5
Marcato.
Fliessend, sempre con legato
Furioso

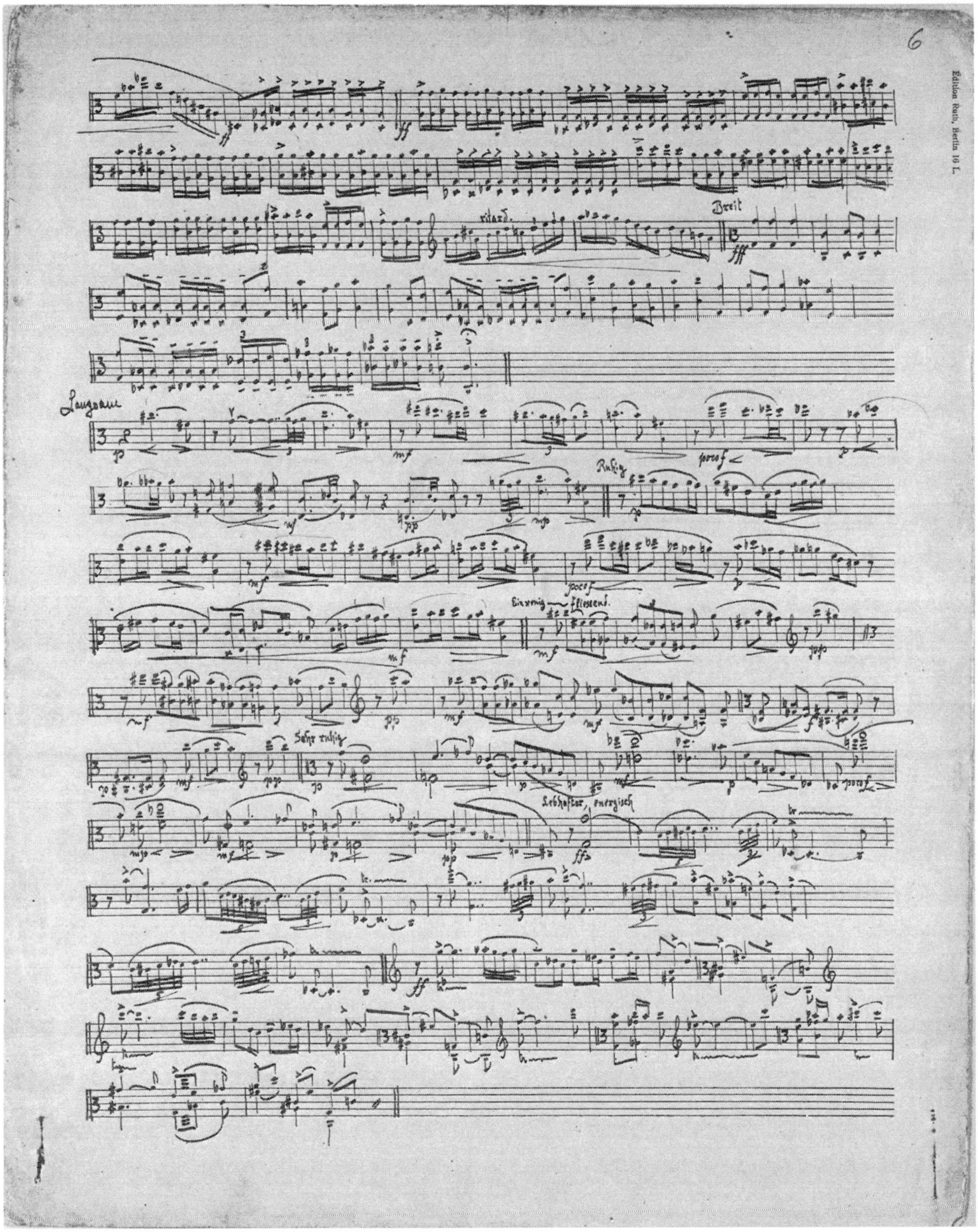
6
Edition Ruth, Berlin 16 L.
ritard.
Breit
Langsam
poco f
Ruhig
Ein wenig fliessend
Sehr ruhig
Lebhafter, energisch

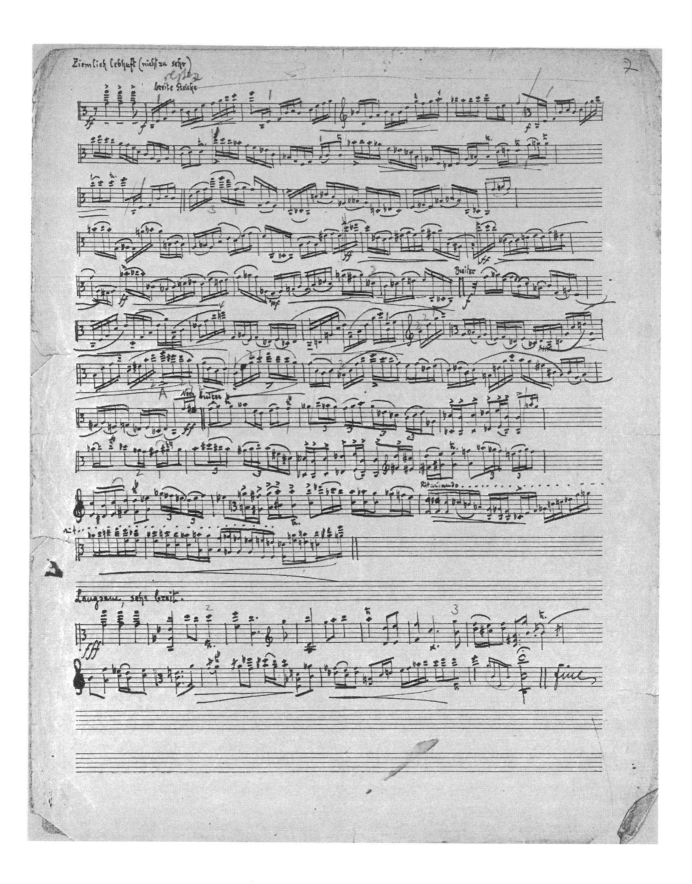